AF494494

ESTAMPES JAPONAISES

JUIN 1912

ESTAMPES JAPONAISES

Collection de Mme L.

Estampes Japonaises

PAR

HARUNOBOU, KORIUSAI, KYONAGA, SHUNSHO,

OUTAMARO, HOKOUSAI, TOYOKOUNI, YEISHI

SHUNMAN, HIROSHIGE, YEISEN, KOUNIYOSHI

COLLECTION DE SOURIMONOS

ETC.

Dont la vente aura lieu à l'HOTEL DROUOT, Salle n° 9

Le Mardi 4 Juin 1912, à 2 heures

COMMISSAIRE-PRISEUR
Me F. LAIR-DUBREUIL
6, RUE FAVART

EXPERT
Me André PORTIER
14, RUE CHAUCHAT

Chez lesquels se distribue le présent Catalogue.

Exposition Publique

LE LUNDI 3 JUIN 1912 de 2 heures à 6 heures

HOTEL DROUOT, Salle N° 9

CONDITIONS DE LA VENTE

Elle sera faite expressément au comptant.

Les acquéreurs paieront 10 p. 100 en sus des enchères.

L'exposition mettant les amateurs à même de se rendre compte de l'état des objets, il ne sera admis aucune réclamation, une fois l'adjudication prononcée.

L'expert sera présent à l'Exposition publique et se tiendra à la disposition de MM. les Amateurs qui auraient des renseignements à lui demander ou des ordres d'achat à lui confier.

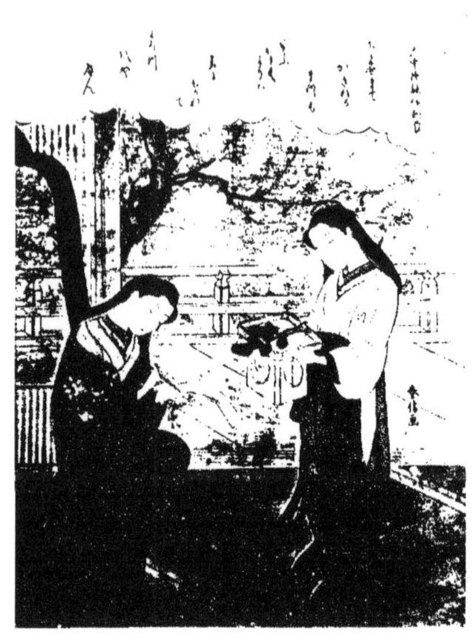

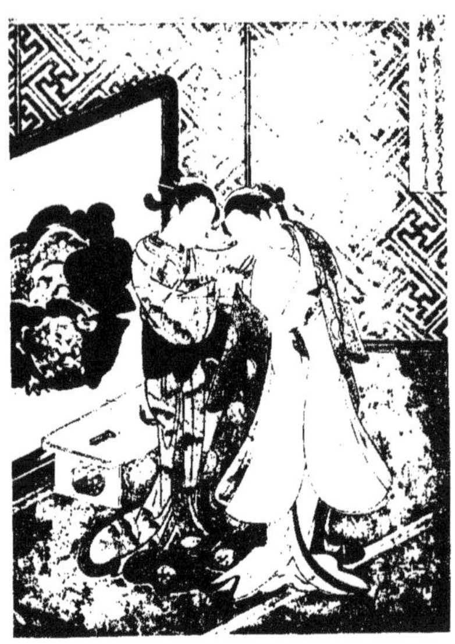

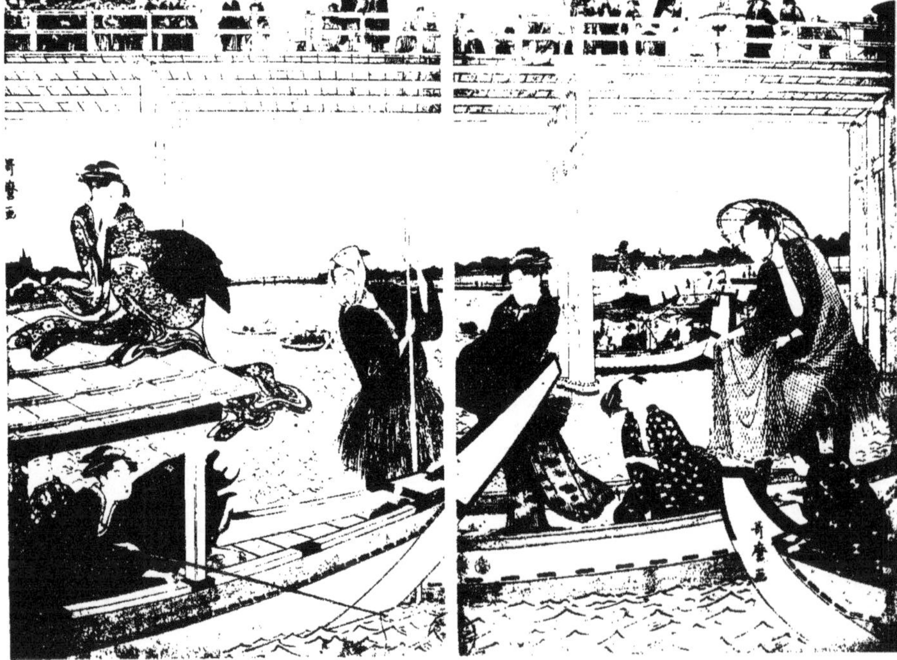

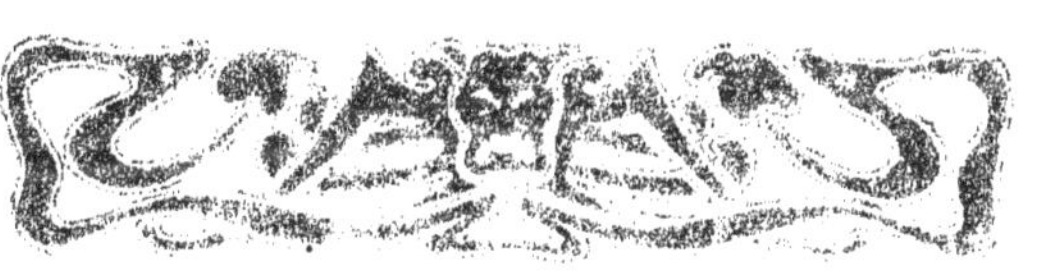

3

2

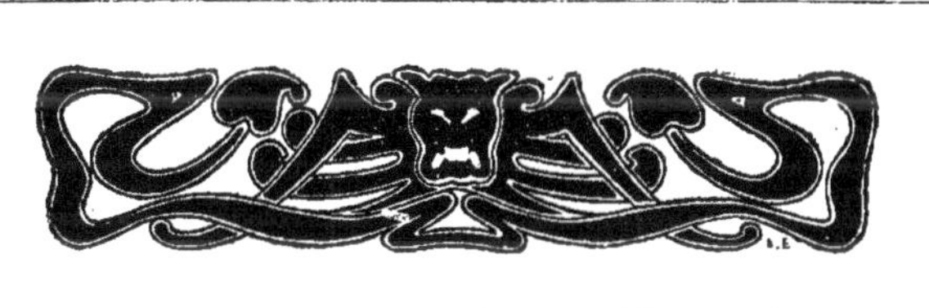

ESTAMPES JAPONAISES

OKUMURA MASSANOBOU (1685-1764)

1. — Ft hoso-ye. — Jeune femme debout, rajustant sa ceinture, richement poudrée d'or.

(attribuée a)

HAROUNOBOU (1703-1770)

2. — Petit Ft carré. — Jeune fille au kimono fleuri, aidant une jeune femme à passer un manteau rose décoré de mon d'oiseaux.

(Jolie tirage gauffré)

3. — Petit Ft carré. — Jeune femme, sur une terrasse, écrivant : prés d'elle, une jeune femme debout tient un socle sur lequel est posé une branche de pin.

(Bon tirage partiellement oxydé)

4. — Ft hoso-ye. — Jeunes filles sous la pluie, jouant avec un petit bateau à voile.

(Tirage postérieur)

5. — Ft carré. — Jeunes filles se hâtant sous la pluie, interpellées par une fillette.

(Tirage postérieur)

TORII-KIYOHIRO (1708-1766)

6. — Ft hoso-ye. — Acteur, un éventail à la main, devant un crapaud exhalant un makémono.

7. Petit Ft. — Perroquet sur une branche de prunier.
(Jolie impression en noir et blanc)

KORIUSAI (1720-1782)

8. — Gd Ft haut. — Scène maternelle.

9. — Petit Ft carré. — Deux enfants jouant devant une cascade.
(Joli tirage)

SHUNSHO (1724-1792)

10. — Ft carré. — Deux acteurs accroupis devant une jeune femme portant un kimono et une coiffure de cour.
(Bon tirage)

11. — Hoso-ye. — Sept jolies planches d'acteurs dans des rôles divers.

12. — — — Deux autres planches, non signées.

KYONAGA (1752-1814)

13. — Gd Ft haut. — Trois jeunes femmes dans la campagne fleurie, debout près d'un ruisseau.
(Bon tirage)

14. — Gd Ft haut. — Groupe d'enfants musiciens faisant danser un de leurs camarades costumé en danseur de Nô.

15. — Petit Ft haut. — Jeunes femmes et enfants devant une baie ouvrant sur la mer.

16. — Petit Ft haut. — Famille en promenade.
(Jolie épreuve)

17. — Diptyque. — Jeunes femmes sur la rive, regardant deux d'entre elles s'éloigner en barque.

18. — Diptyque. — Jeunes femmes se promenant le long du ruisseau fleuri d'iris, devant la terrasse d'une habitation.

19. — Gd Ft haut. — Acteurs jouant devant une estrade de musiciens.

20. — Gd Ft haut. — Acteur au long vêtement noir, debout, élevant un parasol.

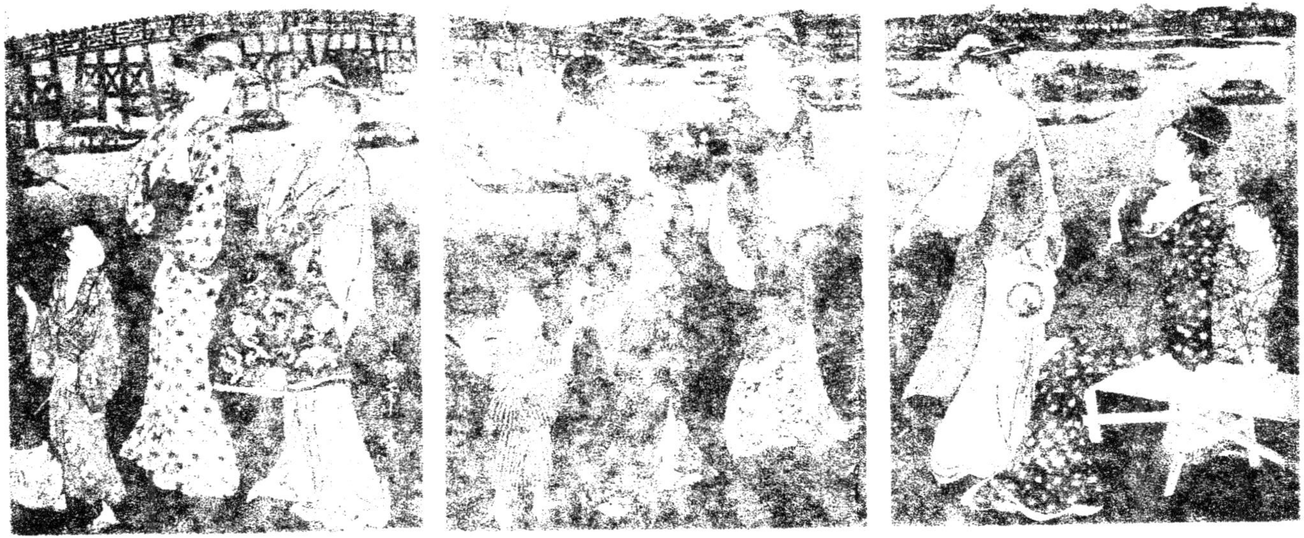

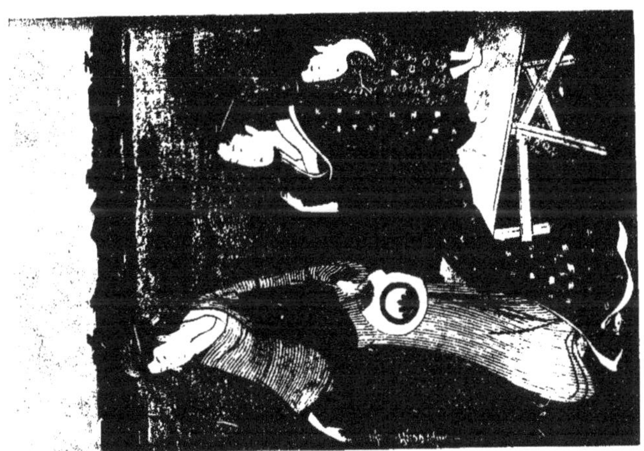

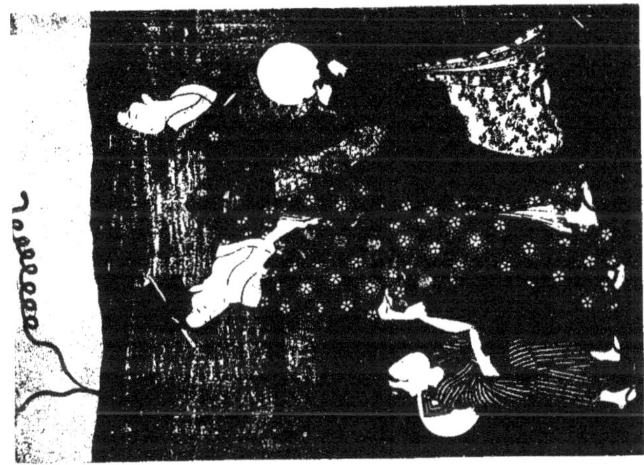

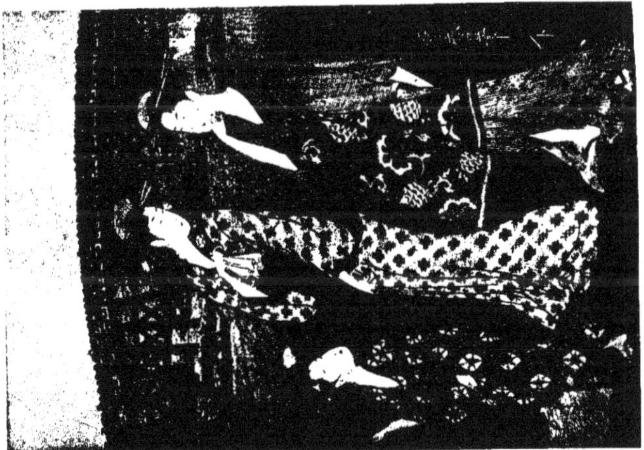

23
21
26
22

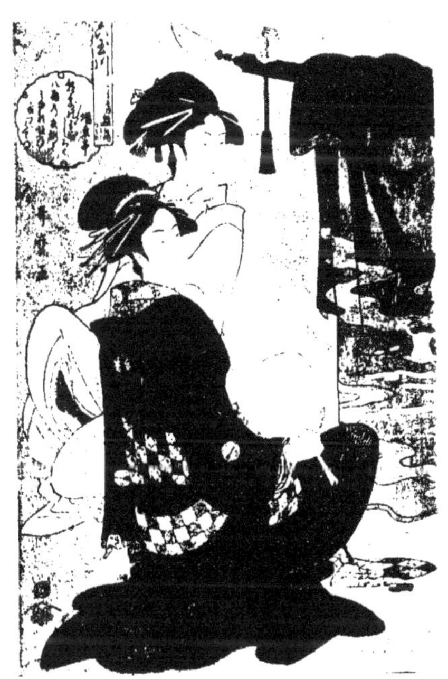

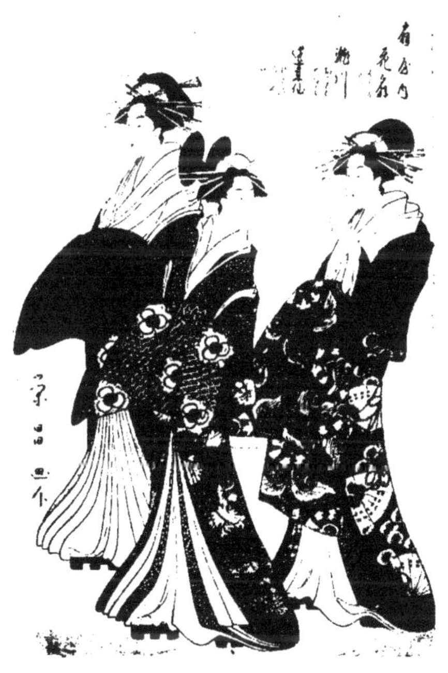

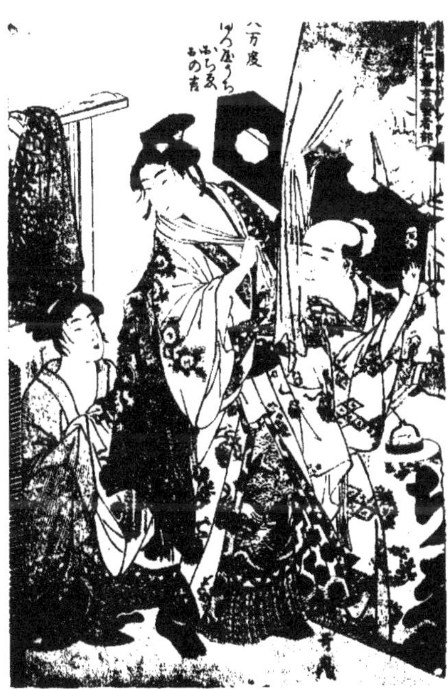

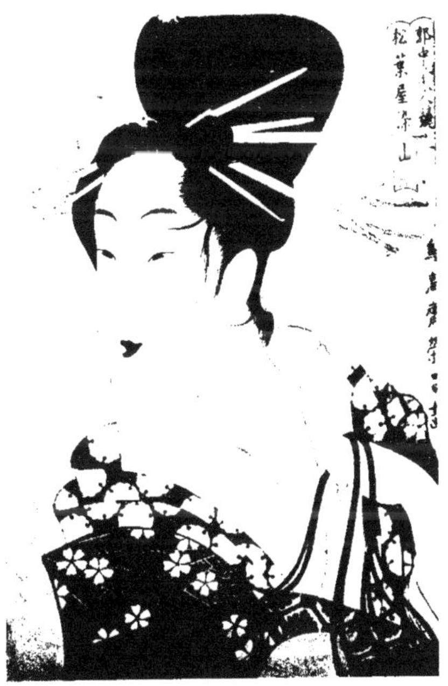

YEISHO (v. 1800)

21. — Gd Ft haut. — Trois courtisanes en promenade, les robes richement décorées se détachant en sombre sur le fond jaune du fond.

22. — Gd Ft haut. — Jolie courtisane en buste.
(Bonne épreuve sur fond micacé)

OUTAMARO (1754-1806)

23. — Gd Ft haut. — Deux courtisanes accroupies et causant, devant un écran auquel pend un Kimono.
(Jolie épreuve sur fond jaune)

24. — Gd Ft haut. — Un couple, la femme entr'ouvrant son Kimono et découvrant son sein où se trouve écrit le nom de son ami.
(Bonne épreuve)

25. — Diptyque. — Sous le pont Ryogokou, de nombreuses barques glissent sur la Soumida, ayant à bord de jolies jeunes femmes pêchant ou causant.
(Excellent tirage)

26. — Gd Ft haut. — Courtisane, la robe richement décorée d'une carpe, partant en promenade, précédée d'un serviteur portant une boite et une lanterne.
(Très bonne épreuve)

27. — Triptyque. — Jolie scène de nuit sur la Soumida où dans l'ombre scintillent de jolis lampions rouges. Au premier plan, formant contraste avec la nuit, se promènent d'élégantes jeunes femmes aux kimonos chatoyants.

28. — Gd Ft haut. — Jeunes filles et jeunes gens se promenant la nuit à la lueur de lanternes.

29. — Gd Ft haut. — Courtisane en promenade, accompagnée d'une jeune fillette portant un jouet.

30. — Gd Ft haut. — Pêcheuses en barque tordant leurs pagnes humides.

31. — Gd Ft haut. — Jeune femme, un éventail d'une main, dansant au son du taiko que frappe sa compagne.

32. — Gd Ft haut. — La chasse aux lucioles.

33. — Trois jeunes femmes en buste, au bord de la Soumida.

34. — Jeune femme près d'un garçonnet costumé et dansant.

HOKOUSAI (1760-1849)

SÉRIE DES TRENTE-SIX VUES DU FUJI.

35. — La montagne vue à travers les cerisiers en fleurs, sous lesquels se reposent de nombreux pèlerins.

36. — Au bord de la lagune, derrière laquelle s'élève le pic fameux, passent des bœufs lourdement chargés.

37. — Sur les flancs du Fuji : dans une grotte, de nombreux pèlerins en dévotion.

38. — Les scieurs de long.

39. — Le Fuji, à travers les arches du pont de Nihon.

40. — Le tonnelier.

41. — Des voyageurs s'arrêtent en contemplation devant le Fuji que l'on aperçoit à travers un rideau de grands pins bordant la route.

42. — Trois cavaliers chevauchent contre le vent, le long de la lagune.

43. — La grande vague dévastatrice.

44. — L'éclair sur le Fuji.

DIVERS

45. — Petit Ft. — Genre tobaye. Femmes se coiffant ou s'épilant.

46. — Tokaido : Shinagawa. Jeunes femmes à l'intérieur d'une habitation, regardant le Fuji.

47. — Sourimono en largeur. Jeunes femmes et garçonnet sur une terrasse fleurie.

48. — Culture du vers à soie.

49. — Scène sur la plage en vue d'Enoshima.

50. — Jeunes femmes sur la plage, ramassant des coquillages.

51. — Deux dessins rehaussés, représentant des guerriers.

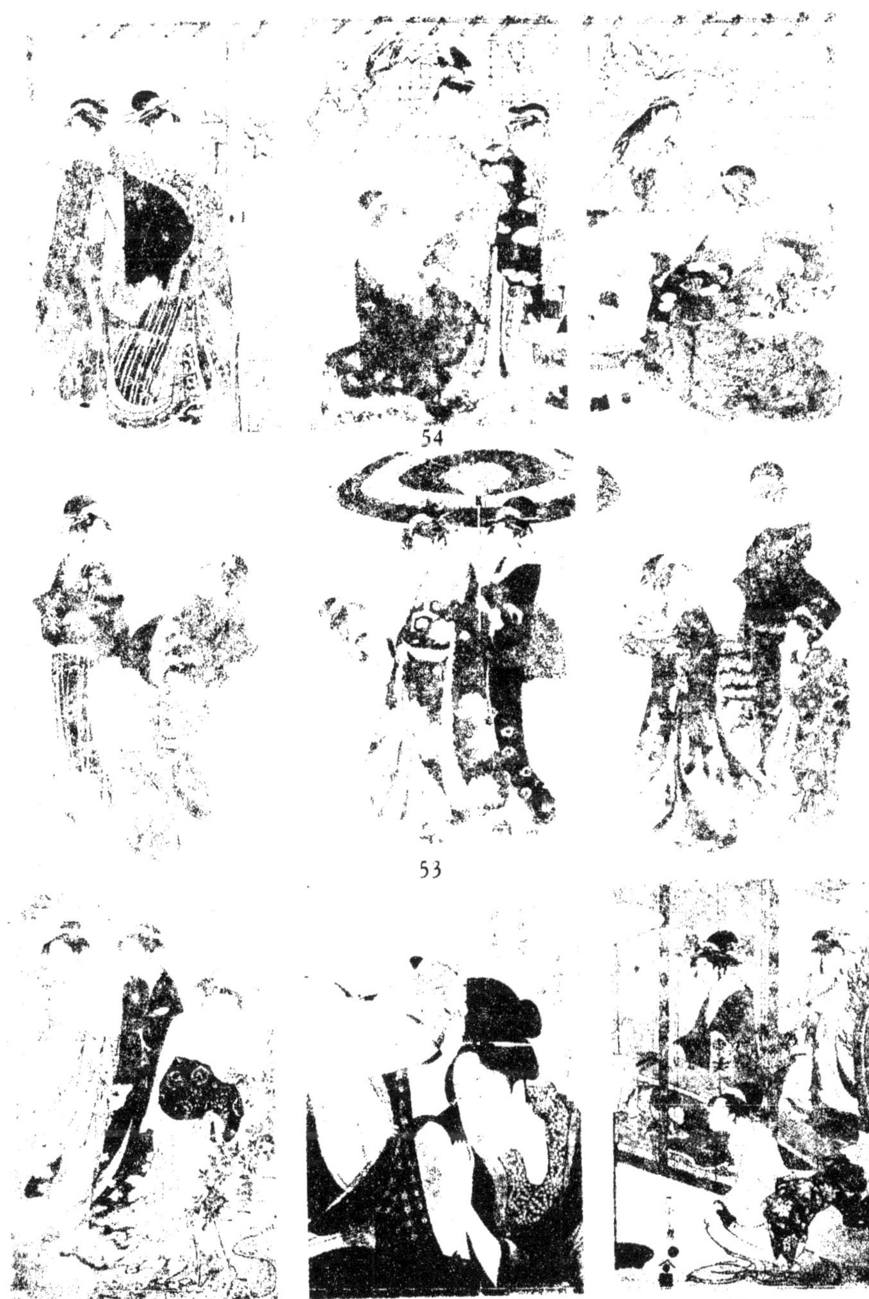

54

53

13 24 68

Les [illegible] femmes [illegible] de la [illegible]

— Jeune femme [illegible] d'un [illegible] et dansant.

HOKOUSAI (1760-1849)

[illegible]

[illegible] lesquels se [illegible]

Au bord [illegible] laquelle [illegible]

[illegible] dans la [illegible]

[illegible]

[illegible] du [illegible] de Nihon

[illegible]

[illegible]

[illegible]

[illegible]

[illegible]

[illegible]

[illegible]

— [illegible] jeunes femmes [illegible] d'une [illegible] pendant le [illegible]

[illegible] jeunes [illegible] et [illegible] sur une terrasse [illegible]

[illegible]

— Scène sur la plage [illegible] d'Enoshima.

Jeunes femmes sur la plage, ramassant des coquillages.

— Deux dessins rehaussés, représentant des guerriers.

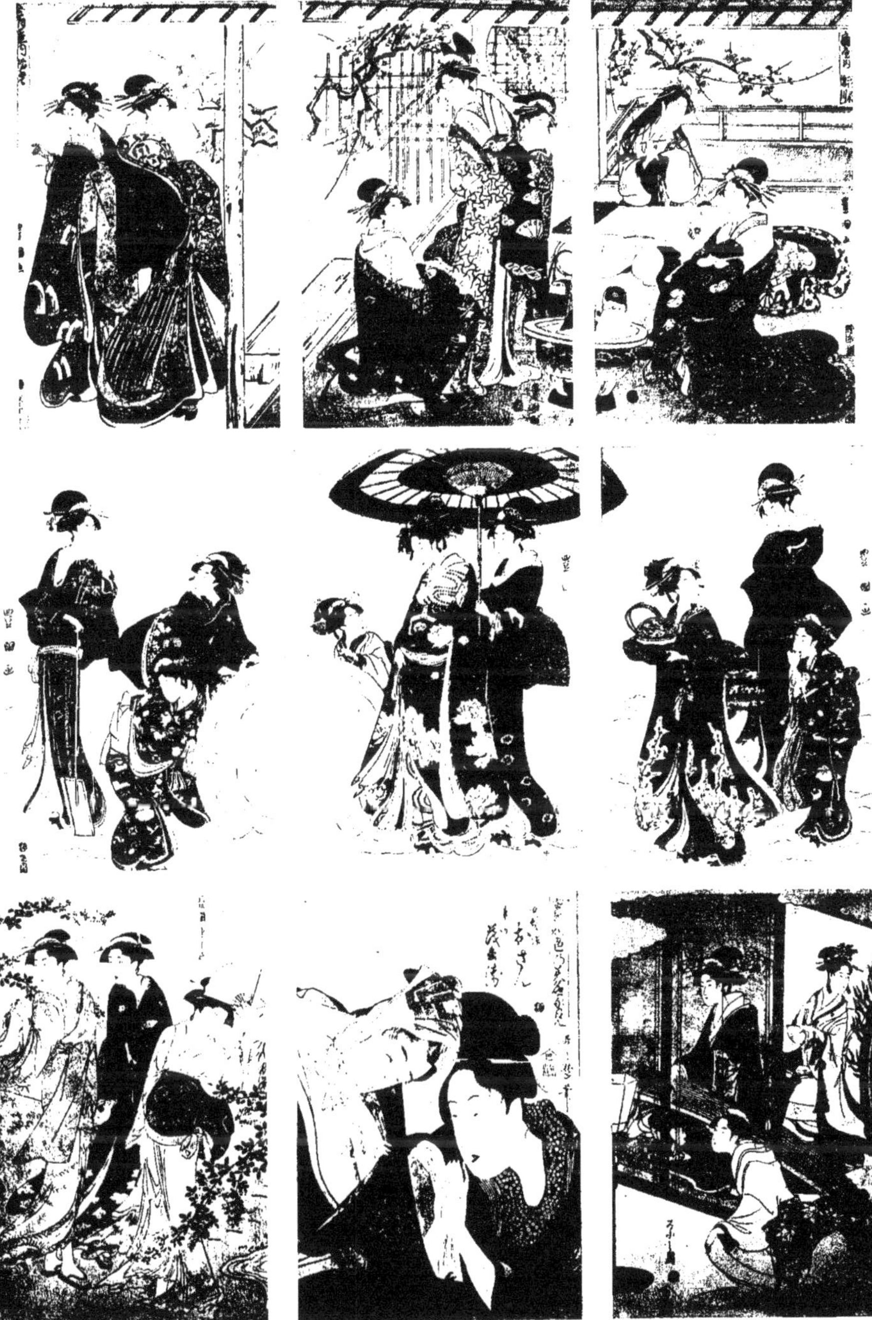

BUNTSHO (1764-1796)

52. — Ft. — Hoso-ye. Quatre planches d'acteurs.

TOYOKOUNI (1769-1825)

53. — Triptyque. — Jolie composition aux tonalités animées, représentant une princesse, la robe richement décorée de chrysanthèmes, se promenant dans la neige, accompagnée de ses servantes qui jouent avec une énorme boule de neige.

54. — Des jeunes femmes se disposent à prendre le thé sur une terrasse abritée par un gigantesque prunier en fleurs.

55. — Gd Ft haut. — Samuraï en voyage, fumant sa pipette, accompagné d'un serviteur lourdement chargé.

56. — La porteuse d'eau.

57. — Trois planches de courtisanes.

58. — Deux têtes d'acteurs dans des médaillons entourés de jolies chrysanthèmes.

59. — Jeune femme accroupie frappant sur un petit piano.

60. — Acteurs, les manches retroussées, se préparant à lutter.

61. — Orchestre de jeunes femmes.

SHUNTCHO (1770-1790)

62. — Ft Hoso-ye. — Trois planches d'acteurs.

SHUNKO (1765-1790)

63. — Ft Hoso-ye. — Huit planches d'acteurs en divers rôles.

64. — Diptyque. — Nombreuses jeunes femmes devant la terrasse d'une habitation.

SHUNYEI (1769-1819)

65. — Ft Hoso-ye. — Deux planches d'acteurs divers.

66. — Gd Ft haut. — Jeunes femmes et acteurs regardant un vase d'où sort une branche de cerisier en fleurs.

67. — Trois jeunes femmes se préparant pour une promenade dans la neige.

YEISHI (1780-1805)

68. — Gd Ft haut. — Jeune femme richement vêtue, jouant du shasmien derrière un store. A ses côtés sont groupées deux jeunes femmes.
Bon tirage.

69. — Jeunes femmes en barque regardant un pêcheur se préparant à lancer un filet.
Très bonne épreuve.

70. — Jeune homme et courtisanes en barque sur la Soumida.

SHUNMAN (1785-1815)

71. — Diptyque. — Familles et courtisanes se promenant dans la campagne.

72. — Diptyque. — Jeunes femmes se promenant la nuit et passant devant une maison éclairée ou se voient des personnages lisant et écrivant.
Pièce intéressante

73. — Diptyque. — Laveuse et porteuses d'eau dans la campagne.
Jolie épreuve en noir

YEISEN (1789-1848)

74. — — Cortège de geishas sur le pont de Nihon.

75. — Gd Ft haut. — Deux planches de courtisanes, se détachant sur un fond sombre couvert de caractères.

76. — Triptyque. — Courtisanes en promenade sur les bords de la Soumid a.

69

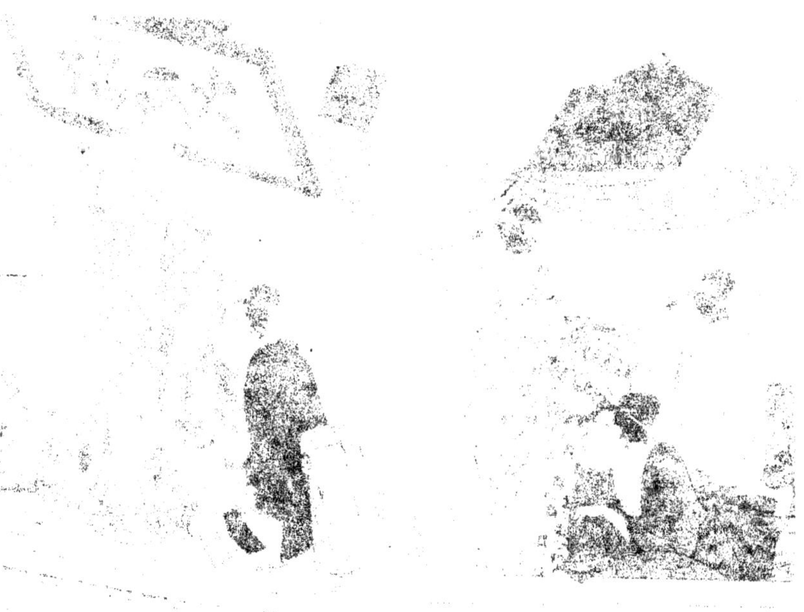

70

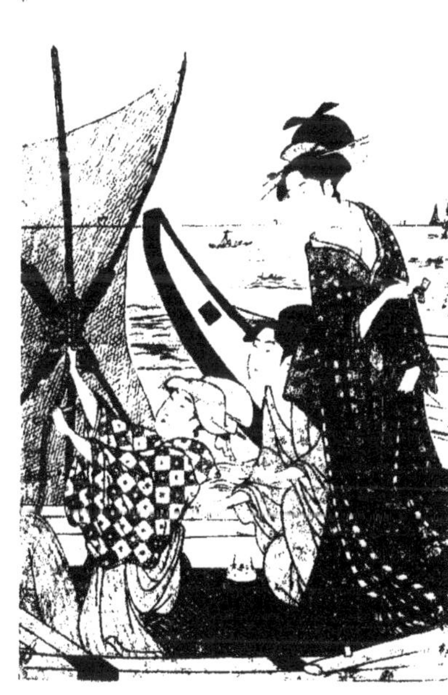
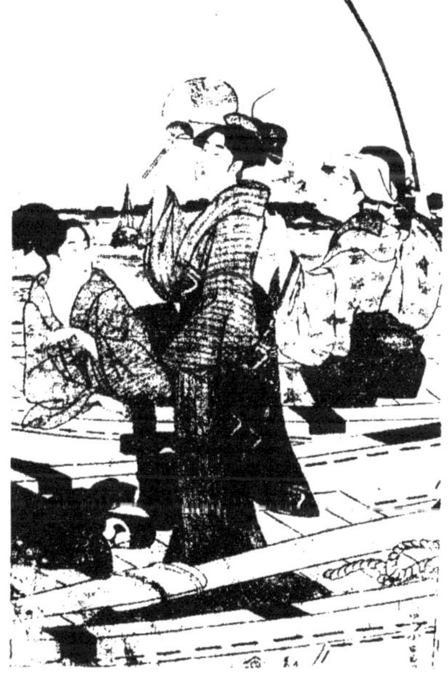
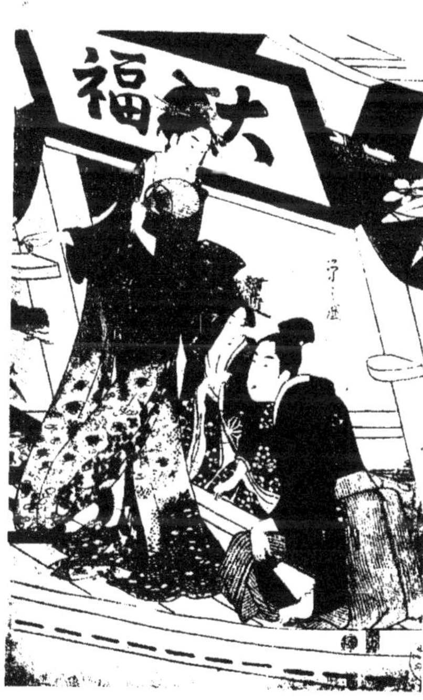
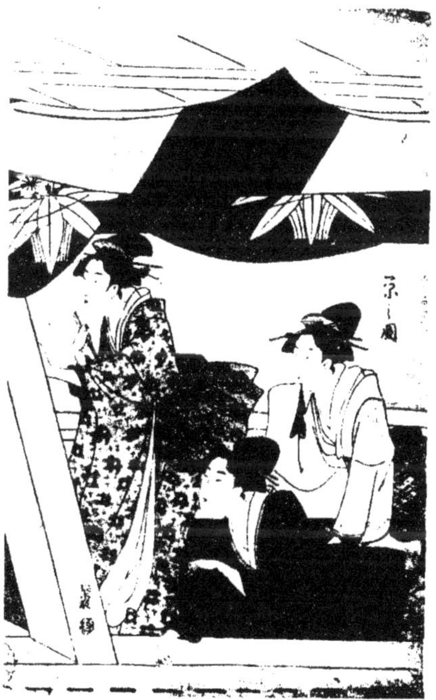

HIROSHIGE (1796-1858)

77. — Gd Ft large. — Série des poissons. La Langouste.

78. — — — Les Eperlans.

79. — — Tokaido. Michima. Les porteurs de Kago dans le brouillard.

80. — Gd Ft larg. — Tokaido. Shono. Les paysans sous l'averse.

81. — — — Nihonbashi. La traversée du pont Nihon sous la pluie.

82. — — — Shinagawa. La rentrée des barques.

83. — — — Kameido. Maison de thé.

84. — Gd Ft haut. — Cent vues de Yedo. Douze planches diverses.

85. — — Soixante vues de Yedo. Six planches.

86. — — Série des trente-six fleurs. Neuf planches.

KOUNIYOSHI (1797-1861)

87. — — Nojiri. Guerrier un sabre à la main, dissimulé derrière un pin, guettant un poète accroupi dans les hautes herbes et jouant de la flûte.

88. — — Le coup de vent.

89. — — Personnage en vêtement sombre, debout, la nuit, sous un saule pleureur.

90. — Triptyque. — Farouche combat de guerriers, près d'un pont.

91. — Gd Ft haut. — Un personnage et un enfant regardant un spectre de femme se transformant en renard.

92. — Gd Ft haut. — Guerriers dans une forêt de bambous.

93. — — Deux guerriers luttant près d'une cascade.

94. — Triptyque. — Trois guerriers à cheval luttant dans les flots à la bataille de Ujigawa.

95. — Gd Ft haut. — Acteur tirant son sabre, devant un filet de pêche où rampent des crabes.

96. — — Six planches diverses.

97. — Gd Ft larg. — Les porteurs dans le brouillard.

DIVERS

98. — Kounissada. Gd Ft haut. Guerrier terrassant un tigre.

99. — Hokou-ye. — Diptyque. Jeune femme se promenant une lanterne à la main.

100. — Kouniterrou. — Gd Ft haut. Trois planches d'acteurs.

101. — Shigeharou. — — Acteurs.

102. — Sougakoudo. — — Six planches d'oiseaux.

102*. — -- Ft. large. Paysage maritime.

103. — Choki. — Gd Ft haut. Jeunes femmes dans une maison de thé.

104. — Toren. — Gd Ft large. Personnages dans un bois de pin.

105. — — — Jeune femme sous la pluie se dirigeant vers une habitation ou deux personnages jouent au gô.

106. — Kounimassa. — Gd Ft haut. Trois acteurs grimaçant.

107. — Shigémassa. — Le dieu de la longévité entouré d'enfants.

108. — Divers. — Trois planches par Shunko, Kikumaro.

SOURIMONOS

109. — Une collection de trente jolis sourimonos représentant des sujets divers, par Hokoujiou, Gakoutei, Shigenobou, Hokkei etc.
(seront divisés)

110. — Un petit lot d'aquarelles par Bounrin, Yosai, Yumassou, etc.

111. — Numéros omis.

Imp. KELLER & POIRIER
88, Rue Rochechouart, 88
—— PARIS ——

www.ingramcontent.com/pod-product-compliance
Ingram Content Group UK Ltd.
Pitfield, Milton Keynes, MK11 3LW, UK
UKHW022154170726
13837UKWH00004B/1976